PLANEJAMENTO REVERSO ESCOLAR de Bolso

Uma forma de planejar com foco na aprendizagem, dentro da BNCC

Priscila Boy

1ª Edição | 2022

© Arco 43 Editora LTDA. 2022

Todos os direitos reservados
Texto © Priscila Boy

Presidente: Aurea Regina Costa
Diretor Geral: Vicente Tortamano Avanso
Diretor Administrativo
Financeiro: Dilson Zanatta
Diretor Comercial: Bernardo Musumeci
Diretor Editorial: Felipe Poletti
Gerente de Marketing
e Inteligência de Mercado: Helena Poças Leitão
Gerente de PCP
e Logística: Nemezio Genova Filho
Supervisor de CPE: Roseli Said
Coordenador de Marketing: Livia Garcia
Analista de Marketing: Miki Tanaka

Realização

Direção Editorial: Helena Poças Leitão
Texto: Priscila Boy
Revisão: Texto Escrito
Direção de Arte: Miki Tanaka
Projeto Gráfico e Diagramação: Miki Tanaka
Coordenação Editorial: Livia Garcia

```
        Dados Internacionais de Catalogação na Publicação (CIP)
              (Câmara Brasileira do Livro, SP, Brasil)

   Boy, Priscila
       Planejamento reverso escolar de bolso : uma
   forma de planejar com foco na aprendizagem, dentro
   da BNCC / Priscila Boy. -- 1. ed. -- São Paulo :
   Arco 43 Editora, 2022. -- (De bolso)

       Bibliografia.
       ISBN 978-65-86987-46-1

       1. BNCC - Base Nacional Comum Curricular
   2. Educação 3. Educação - Finalidade e objetivos
   4. Planejamento educacional I. Título II. Série.

   22-110678                                    CDD-370.11

              Índices para catálogo sistemático:

       1. Educação : Finalidades e objetivos   370.11

       Aline Graziele Benitez - Bibliotecária - CRB-1/3129
```

1ª edição / 1ª impressão, 2022
Gráfica Plenaprint

Rua Conselheiro Nébias, 887 – Sobreloja
São Paulo, SP — CEP: 01203-001
Fone: +55 11 3226 -0211
www.editoradobrasil.com.br

PLANEJAMENTO REVERSO ESCOLAR de Bolso

Uma forma de planejar com foco na aprendizagem, dentro da BNCC

Priscila Boy

Priscila Boy

É pedagoga, diretora da Priscila Boy Consultoria, idealizadora da Escola da Transformação, escritora e palestrante.

Formação: Pedagogia.

Pós-graduação: Antropologia Filosófica e Docência do Ensino Superior.

MBA Internacional em Marketing pela Fundação Getúlio Vargas (FGV).

Outros cursos: Gestão de Pessoas e Negócios (Serviço Brasileiro de Apoio às Micro e Pequenas Empresas - Sebrae); Elaboração de Projetos e Captação de Recursos (Pontifícia Universidade Católica - PUC).

Para entrar em contato com a autora, acesse:
www.priscilaboy.com.br

APRESENTAÇÃO

Planejar é uma prática cotidiana dos educadores. Muitas vezes, nossos planejamentos contemplam as atividades a serem desenvolvidas ou tratam de como vamos nos organizar para cobrir tudo o que precisamos trabalhar em função do material didático escolhido.

Fazemos a você um convite: é preciso planejar para gerar compreensão.

O planejamento reverso vai ajudar a fazer uma organização que nos dê clareza sobre nossas intenções educativas, que evidências coletar ao longo do processo de aprendizagem para que, assim, possamos identificar quais experiências serão necessárias à aprendizagem.

Um abraço,

Priscila Boy

SUMÁRIO

INTRODUÇÃO 13

1 A BNCC E A NOVA ORGANIZAÇÃO CURRICULAR BRASILEIRA 17

    1.1 A estrutura da Base 18

        1.1.1 Educação Infantil 18

        1.1.2 Ensino Fundamental 19

        1.1.3 Ensino Médio 20

    1.2 Desafios e novidades 21

2 COMO DESENVOLVER COMPETÊNCIAS E HABILIDADES 23

3 PLANEJAR PARA A COMPREENSÃO 27

4 O QUE É PLANEJAMENTO 29

5 TIPOS DE PLANEJAMENTO 31

    5.1   Planejamento anual...32

    5.2   Planejamento de etapa..35

    5.3   Planejamento semanal/diário 36

    5.4   Planejamento reverso..36

6 ETAPAS DO PLANEJAMENTO REVERSO 41

    6.1   Identificando os resultados desejados..................................42

    6.2   Determinando as evidências..43

    6.3   Planejando as experiências de aprendizagem......................45

7 Organizando os espaços de aprendizagem..............................47

CONCLUSÃO 49

REFERÊNCIAS...53

INTRODUÇÃO

Falar em planejamento é falar em prática escolar. Desde muitos anos, não importa a teoria pedagógica pela qual optamos, planejar sempre foi uma prática na escola. Docentes são planejadores em sua essência. Ao planejar, temos muitos ganhos.

Ganhos logísticos

Sem planejamento, corremos o risco de não conseguirmos executar tudo o que precisamos fazer, por falta de previsibilidade. Por isso, é necessário planejar a logística de nossas ações pedagógicas, ou seja, pensar em materialidade, locais, organização dos espaços escolares, identificar o que temos disponível e o que pode ser substituído etc.

Para citar um exemplo, quando eu quero fazer um debate e permito que os estudantes compartilhem filmes, *slides* etc., tenho que pensar se, na minha escola e naquele horário, o *datashow* estará disponível, se ele tem saída para áudio, se há caixas de som portáteis, ou seja, materiais que possibilitem a execução daquela atividade proposta. Quantas tomadas serão necessárias? É preciso comprar pilhas para passadores de *slides*? Caixinhas de som por *bluetooth* ajudam a economizar tomadas. Veja que planejar a logística fará toda diferença no sucesso da execução sua atividade.

Ganhos na organização financeira

Sabemos que muitos projetos requerem investimento financeiro para se materializar, como comprar dados para um jogo, papel diferenciado para confeccionar algo, canetas especiais, *post-its* e vários outros recursos que a escola pode não ter de imediato. Ao planejarmos nossas experiências de aprendizagem, precisamos ter clareza do investimento de que vamos precisar para realizar aquelas propostas. Isso deve ser levado à sua coordenação, para que possa ser colocado no planejamento financeiro da escola. Sem planejamento, podemos até ter a verba para comprar os materiais, mas acabar pagando mais caro se comprarmos alguma coisa em cima da hora, sem fazer cotações prévias. A organização financeira vai garantir aos seus projetos toda a materialidade necessária para que sua proposta possa ser realizada.

Ganhos pedagógicos

Quem planeja costuma ter clareza do caminho que vai seguir. Se eu tenho clareza da minha intenção pedagógica, de onde quero chegar e quais são os meus objetivos, minhas metas, os conteúdos que vou trabalhar, tenho mais chance de conduzir o processo sem me perder no caminho. Ao planejar, tenho mais precisão do que realmente pretendo alcançar, o que me dará maior visibilidade das minhas intenções educativas e estratégias de intervenção.

Por exemplo, seu eu planejo um jogo de boliche com a intenção educativa de potencializar a possibilidade de fazer contagens, não vou gastar tanta energia fazendo intervenções quando os estudantes pisarem na linha na hora de arremessar a bola. Mas, se minha intenção educativa é fazer com que respeitem limites e regras, não vou gastar energia contando todos os pinos derrubados e registrando isso, e, sim, se estão ou não seguindo as regras do jogo.

Nossas intenções educativas devem estar pautadas na Base Nacional Comum Curricular (BNCC), um documento normativo que visa definir as aprendizagens essenciais que educandos devem alcançar ao passar pela escola. Vamos entender um pouquinho mais sobre a BNCC, para que possamos aprender a planejar dentro da proposta que ela nos traz.

1 A BNCC E A NOVA ORGANIZAÇÃO CURRICULAR BRASILEIRA

Em dezembro de 2017 foi homologada a BNCC da educação infantil ao 9° ano do ensino fundamental; dois anos depois, foi publicada a BNCC do ensino médio. A BNCC é um documento normativo que define o conjunto de aprendizagens essenciais. A base não é currículo. Ela é o alvo que mostra onde se quer chegar. As escolas deverão construir os seus currículos, tendo a Base como referência.

Figura 1 – Proposta da BNCC

Fonte: elaborado pela autora, 2022.

1.1 A estrutura da Base

Ao longo da educação básica, os estudantes devem desenvolver dez competências gerais, divididas em cognitivas, comunicativas e socioemocionais, ou seja, o ser humano deve ser visto de forma integral.

1.1.1 Educação Infantil

A educação infantil possui dois eixos estruturantes: interações e brincadeiras. Nessa etapa, são apresentados seis direitos de aprendizagem e desenvolvimento: conviver, brincar, participar, explorar, expressar e conhecer-se.

Para atender esses direitos, a BNCC propõe uma organização por meio de cinco campos de experiências e traz uma matriz de objetivos de aprendizagem e desenvolvimento, ou seja, onde se quer chegar.

Figura 2 – Base da Educação Infantil

BNCC Educação Infantil
6 Direitos de aprendizagem
5 Campos de experiência

| Eu, o outro e o nós | Escuta fala, pensamento e imaginação | Traços, sons, cores e formas | Corpo, gesto e movimento | Espaço, tempo, quantidades, relações e transformações |

Objetivos de aprendizagem

Fonte: elaborado pela autora, 2022.

1.1.2 Ensino Fundamental

O Ensino Fundamental está organizado em cinco áreas do conhecimento. Para cada uma delas, são apresentadas competências específicas e discriminados os componentes curriculares das áreas. Para cada um, a BNCC apresenta uma matriz de habilidades, que estão relacionadas a diferentes objetos de conhecimento – aqui entendidos como conteúdos, conceitos e processos – que, por sua vez, são organizados em unidades temáticas.

Um princípio norteador da base é a progressão dos conteúdos. Portanto, é muito importante desenvolver um trabalho coletivo na escola, em que haja diálogo entre os segmentos, para evitar rupturas.

Durante os anos iniciais do ensino fundamental, fica claro o objetivo de valorizar as situações lúdicas de aprendizagem, apontando para a necessária articulação com as experiências vivenciadas na educação infantil. Tal articulação precisa prever tanto a progressiva sistematização dessas experiências, quanto o desenvolvimento, pelos estudantes, de novas formas de relação com o mundo.

Durante os anos finais, eles e elas se deparam com desafios de maior complexidade, sobretudo devido à necessidade de se apropriarem das diferentes lógicas de organização dos conhecimentos relacionados às áreas. É hora de consolidar as aprendizagens sistematizadas nos anos iniciais.

Figura 3 – Base do Ensino Fundamental

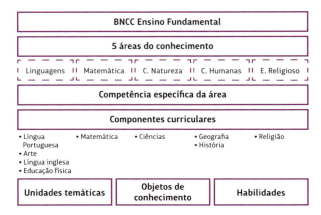

Fonte: elaborado pela autora, 2022.

1.1.3 Ensino Médio

A BNCC do ensino médio está organizada em 4 áreas do conhecimento. Cada área tem suas competências específicas e uma matriz de habilidades, organizada de forma interdisciplinar, ou seja, os componentes curriculares integram a área e não devem ser trabalhados de forma dissociada. Português e Matemática são obrigatórios na três séries; já os outros componentes podem ser trabalhados de forma integrada e distribuídos conforme o entendimento da escola. No ensino médio o objetivo é aprofundar e aplicar os conhecimentos.

Figura 4 – Base do Ensino Médio

Fonte: elaborado pela autora, 2022.

1.2 Desafios e novidades

A base sinaliza que o conhecimento deve estar a serviço do desenvolvimento de competências. O conteúdo isolado perde espaço, ou seja, todos os conteúdos devem ser colocados dentro de um contexto e em diálogo com as práticas sociais. Por isso vamos ter que MUDAR NOSSA FORMA DE PLANEJAR.

2 COMO DESENVOLVER COMPETÊNCIAS E HABILIDADES

Segundo a BNCC, devemos educar apara potencializar o desenvolvimento de competências e habilidades. No âmbito escolar, a competência é a mobilização de recursos, conhecimentos, habilidades, atitudes e valores para resolver uma situação complexa. Segundo o sociólogo suíço Perrenoud, a habilidade manifesta-se diante de situações complexas, imprevisíveis, ou seja, diante de um problema a ser resolvido.

> **Competência a gente não ensina, a gente desenvolve.**

Somente diante da mobilização de recursos frente aos problemas, a pessoa vai se tornando competente a cada dia. Planejar atividades em que o(a) aluno(a) seja protagonista, responsável por sua aprendizagem, promover situações colaborativas nas quais possa interagir com pares, argumentar, dialogar sobre soluções e fazer pesquisas, são caminhos para se formar um indivíduo competente.

Segundo Lenise Aparecida, da Universidade de Brasília (UnB):

> [...] a competência abarca um conjunto de coisas. Perrenoud fala de esquemas, em um sentido muito próprio. Seguindo a concepção piagetiana, o esquema é uma estrutura invariante de uma operação ou de uma ação. Não está, entretanto, condenado a uma repetição idêntica, mas pode sofrer acomodações, dependendo da situação.

Vejamos um exemplo. Quando uma pessoa começa a aprender a dirigir, parece-lhe quase impossível controlar tudo ao mesmo tempo: o acelerador, a direção, o câmbio e a embreagem, o carro da frente, a guia, os espelhos (meu Deus, 3 espelhos!! Mas eu não tenho que olhar para a frente??). Depois de algum tempo, tudo isso sai tão naturalmente que ela ainda é capaz de falar com o passageiro ao lado, tomar conta do filho no banco traseiro e, infringindo as regras de trânsito, comer um sanduíche. Adquiriu esquemas que lhe permitiram, de certo modo, "automatizar" as suas atividades. Por outro lado, as situações que se apresentam no trânsito nunca são iguais.

A cada momento, terá que enfrentar novos desafios e alguns deles podem ser extremamente complexos. Atuar adequadamente pode ser a diferença entre morrer ou continuar vivo. A competência implica uma mobilização dos conhecimentos e esquemas que a pessoa possui para desenvolver respostas inéditas, criativas, eficazes para problemas novos. Diz Perrenoud que "uma competência orquestra um conjunto de esquemas. Envolve diversos esquemas de percepção, pensamento, avaliação e ação".

Dentro da proposta da BNCC, saímos da perspectiva do conteúdo isolado, para levarmos os estudantes a desenvolverem habilidades. A habilidade é o conhecimento em ação, saber fazer.

Figura 5 – Competência

Fonte: elaborado pela autora, 2022.

Diante dessa nova perspectiva da aprendizagem, a de transpor os conhecimentos para as diversas situações cotidianas, temos que aprender a planejar PARA A COMPREENSÃO. E ESSA É LÓGICA DO PLANEJAMENTO REVERSO.

3 PLANEJAR PARA A COMPREENSÃO

Compreensão é a capacidade de entender ou assimilar algo. Podemos dizer que a compreensão é um processo cognitivo (relativo ao conhecimento), em que é necessário fazer uma interpretação de determinada coisa para que ela seja internalizada pelo indivíduo, a fim de que ele possa usar o que compreendeu e aprendeu em outras situações da vida.

Assim, gera-se um estado mental no qual a coisa compreendida é internalizada. A compreensão é um conceito que carrega, intrinsecamente, a ideia de trazer para si, de mudar o comportamento, de transportar isso para outras situações sempre que necessário.

Quando compreendemos algo, essa coisa passa a fazer parte de nós; aquela ideia deixa de ser algo estranho e torna-se integrante de nosso conhecimento, seja uma ideia ou um pensamento próprio, por exemplo – e nos transforma. Quem aprendeu e compreendeu algo, mostra sinais de transformação. Precisamos planejar para a compreensão e não somente para cumprir um papel burocrático do planejamento, só porque é o exigido pela escola e pelas secretarias de educação. Planejar nos dará clareza sobre as aprendizagens que queremos proporcionar, bem como os caminhos que vamos seguir para chegar até elas. Planejar vai nos ajudar a trabalhar melhor, organizar as rotinas, os materiais, enfim, potencializar as aprendizagens.

4 O QUE É PLANEJAMENTO

Segundo o *site* Significados[1], em contextos gerais, planejamento é uma palavra que significa o **ato ou efeito de planejar, criar um plano para otimizar a alcance de um determinado objetivo**. Essa palavra pode abranger muitas áreas diferentes.

O planejamento consiste em uma importante ferramenta de **gestão e administração**, está relacionada à preparação, **à organização e à estruturação** de um determinado objetivo. É essencial à **tomada de decisões** e à execução dessas mesmas tarefas. Posteriormente, o planejamento também traz a confirmação sobre se as decisões tomadas foram acertadas (*feedback*).

No contexto escolar, o planejamento antecede todo o currículo que conhecemos e queremos desenvolver. Ele acaba sendo uma bússola, um instrumento que visa nos guiar em nosso caminho na jornada da aprendizagem.

---

1 SIGNIFICADOS. Disponível em: https://www.significados.com.br/. Acesso em: 12 abr. 2022.

5 TIPOS DE PLANEJAMENTO

O planejamento escolar é uma ferramenta usada por um professor ou uma professora, que facilita o seu trabalho. Tem como objetivo melhorar a qualidade do ensino.

Como já dissemos, na escola, docentes sempre foram planejadores. Temos diversos tipos de planejamento, com diferentes funções. Planejamos o ano todo. É no planejamento anual que levamos em conta o currículo do estado, misturado ao currículo local e o Projeto Político-Pedagógico (PPP) da escola.

Podemos planejar por etapas, quando fracionamos as intenções educativas dentro de um determinado período e fechamos essa etapa com avaliações finais. Temos o planejamento semanal ou diário, que nos permite detalhar minuciosamente nossas ações ao longo de um período curto.

Por meio do planejamento escolar, os docentes programam e planejam as atividades que vão propor aos estudantes e determinam quais os objetivos pretendidos para cada uma dessas atividades. A reflexão que trazemos nesse livro é a seguinte: por que nossos planejamentos têm sido feitos de forma a inundar a cabeça de estudantes com um monte de saberes isolados, desarticulados e fragmentados? Precisamos planejar com base em uma reflexão profunda sobre o currículo prescrito. O planejamento precede todo o currículo que será posto em ação.

5.1 Planejamento anual

O planejamento anual compreende a organização do trabalho a ser desenvolvido ao longo do ano. Já vimos que a BNCC é normativa e que ela traz as competências e habilidades, ou seja, os direitos de aprendizagem de estudantes durante a educação básica. Então, ela deve ser a primeira referência para a elaboração do nosso planejamento anual.

A finalidade da BNCC é ajudar a superar a fragmentação das políticas educacionais, ensejando o fortalecimento entre as três esferas: federal, estadual e municipal. Nesse sentido, o planejamento anual, de acordo com a BNCC, deve seguir as normas desse documento para apresentar um currículo que desenvolva competências e habilidades, dentro da perspectiva do ser humano integral, ou seja, que trabalhe as dimensões cognitivas, comunicativas e socioemocionais de forma integrada.

A BNCC preconiza que as crianças que estejam em curso na educação básica desenvolvam 10 competências gerais, a fim de que se tornem cidadãs e cidadãos que buscam construir uma sociedade mais igualitária, justa, democrática e inclusiva. Estas 10 competências deverão constar em todo nosso planejamento anual, ao longo da escolaridade da educação básica.

Quadro 1 – Dez competências gerais

1.   Valorizar e utilizar os conhecimentos historicamente construídos sobre o mundo físico, social, cultural e digital para entender e explicar a realidade, continuar aprendendo e colaborar para a construção de uma sociedade justa, democrática e inclusiva.

2.   Exercitar a curiosidade intelectual e recorrer à abordagem própria das ciências, incluindo a investigação, a reflexão, a análise crítica, a imaginação e a criatividade, para investigar causas, elaborar e testar hipóteses, formular e resolver problemas e criar soluções (inclusive tecnológicas) com base nos conhecimentos das diferentes áreas.

3.   Valorizar e fruir as diversas manifestações artísticas e culturais, das locais às mundiais, e também participar de práticas diversificadas da produção artístico-cultural.

4.   Utilizar diferentes linguagens – verbal (oral ou visual-motora, como Libras, e escrita), corporal, visual, sonora e digital –, bem como conhecimentos das linguagens artística, matemática e científica, para se expressar e partilhar informações, experiências, ideias e sentimentos em diferentes contextos e produzir sentidos que levem ao entendimento mútuo.

5.   Compreender, utilizar e criar tecnologias digitais de informação e comunicação de forma crítica, significativa, reflexiva e ética nas diversas práticas sociais (incluindo as escolares) para se

Continuação

comunicar, acessar e disseminar informações, produzir conhecimentos, resolver problemas e exercer protagonismo e autoria na vida pessoal e coletiva.

6. Valorizar a diversidade de saberes e vivências culturais e apropriar-se de conhecimentos e experiências que lhe possibilitem entender as relações próprias do mundo do trabalho e fazer escolhas alinhadas ao exercício da cidadania e ao seu projeto de vida, com liberdade, autonomia, consciência crítica e responsabilidade.

7. Argumentar com base em fatos, dados e informações confiáveis, para formular, negociar e defender ideias, pontos de vista e decisões comuns que respeitem e promovam os direitos humanos, a consciência socioambiental e o consumo responsável em âmbito local, regional e global, com posicionamento ético em relação ao cuidado de si mesmo, dos outros e do planeta.

8. Conhecer-se, apreciar-se e cuidar de sua saúde física e emocional, compreendendo-se na diversidade humana e reconhecendo suas emoções e as dos outros, com autocrítica e capacidade para lidar com elas.

9. Exercitar a empatia, o diálogo, a resolução de conflitos e a cooperação, fazendo-se respeitar e promovendo o respeito ao outro e aos direitos humanos, com acolhimento e valorização da diversidade de indivíduos e de grupos sociais, seus saberes, identidades, culturas e potencialidades, sem preconceitos de qualquer natureza.

Continuação

> 10. Agir pessoal e coletivamente com autonomia, responsabilidade, flexibilidade, resiliência e determinação, tomando decisões com base em princípios éticos, democráticos, inclusivos, sustentáveis e solidários.

Fonte: BNCC

Todas essas competências devem constar em nosso currículo e planejamento anual.

5.2 Planejamento de etapa

O planejamento dessa fase geralmente é feito na escola com o objetivo de organizar e distribuir o planejamento anual em etapas, visando dar referências para as avaliçôes. Em muitas escolas, esse planejamento deve ser vencido período a período, não havendo espaço para retornar às habilidades e aos conteúdos que ainda não tenham sido desenvolvidos.

Nesse planejamento, os docentes costumam colocar os objetivos a serem alcançados, as atividades a serem desenvolvidas, as metodologias, os materiais necessários e, por fim, como será feita a avaliação. Uma vez terminada a etapa, é hora de avançar para outro planejamento.

5.3 Planejamento semanal/diário

Há escolas que costumam cobrar planejamentos semanais mais detalhados, nos quais o docente deve descrever a rotina passo a passo, colocar metodologias, instrumentos de avaliação detalhados etc. Isso é mais comum na educação infantil e nos anos iniciais.

Este tipo de planejamento toma muito tempo e é um pouco sem sentido, em tempos nos quais estamos discutindo as metodologias ativas, o protagonismo de estudantes, ou seja, quando um planejamento mais colaborativo e não tão rígido se faz necessário. Também é preciso entender que não é o detalhamento minucioso das ações, o passo a passo, que vai garantir a aprendizagem.

5.4 Planejamento reverso

Eu gostaria de convidar você a ter um novo olhar sobre o planejamento. Que tal começar pelo fim?

Figura 6 – Planejamento reverso

Planejamento Reverso
(Backward Design)

Comece pelo fim!

Fonte: elaborado pela autora, 2022.

Como o próprio nome já nos dá pistas, PLANEJAMENTO REVERSO é começar pelo fim, de forma reversa. Antes de nos aprofundarmos no conceito, quero partilhar com vocês quatro situações que foram retiradas do livro "Planejamento para compreensão", de Wiggins e McTighe (2019), para nossa reflexão inicial.

Figura 7 – Compreensão x entendimento

A primeira se refere a Luzia, uma menina esperta, que **decorava tudo**, mas não **entendia nada**.

Fonte: elaborado pela autora, 2022.

Luzia tirava boas notas, mas ficava intrigada ao perceber que colegas, embora tivessem tirado uma nota menor, pareciam saber bem mais sobre determinados assuntos do que ela. Na verdade, o que aconteceu com Luzia foi que, tanto o trabalho desenvolvido em sala de aula, como as avaliações elaboradas, primavam pela memorização e não pela compreensão. Por isso, apesar de tirar boas notas, ela não sabia muita coisa.

Figura 8 – Eixo central

A segunda é sobre a maçã, como **eixo central** de todo o trabalho a ser **desenvolvido em uma escola**.

Fonte: elaborado pela autora, 2022.

Quadro 2 – As maçãs

Em Linguagens, eles e elas leem um livro sobre a história do cultivo das maçãs, agricultura, economia etc. Cada um e cada uma escreve uma história criativa. Em Artes, ilustram a história e usam tintas; colhem folhas de macieira e fazem carimbos. Em Música, cantam músicas sobre as maçãs. Em Ciências, usam os sentidos, provando e descrevendo características gustativas. Em Matemática, calculam tempo de plantio e colheita, aprendem proporções dos sucos etc. A atividade culminante é o festival da maçã, quando as famílias são convidadas, se fantasiam, fazem exposições... E tem caça-palavras de maçã, poemas sobre as maçãs e a culminância do festival é a leitura das histórias que os alunos fizeram sobre a fruta, enquanto tortas de maçãs são servidas à vontade.

Fonte: Livro "Planejamento para compreensão", de Grant Wiggins e Jay McTighe; Editora Penso; 2ª edição (19 junho 2019)

Vejam que aqui, o planejamento foi totalmente voltado para atividades, na tentativa (equivocada) de fazer uma prática interdisciplinar. Mas devemos nos perguntar: o que realmente foi aprendido?

Figura 9 – Avaliação externa

A terceira é sobre um item de **prova de avaliação externa**.

Fonte: elaborado pela autora, 2022.

De quantos ônibus o exército precisa para transportar 1128, se a lotação de cada ônibus for de 36 soldados? Um terço (1/3) dos estudantes respondeu: "31, restam 12 soldados". Aqui, não perceberam que nenhum soldado deveria ficar pra trás, ou seja, não foram capazes de fazer a transferência do conhecimento adquirido na aula de matemática sobre a soma, a divisão, etc. para a situação-problema.

Figura 10 – O desespero

A quarta é sobre o desespero de quem chega no mês de outubro e percebe que o livro não tá nem na metade ainda.

Fonte: elaborado pela autora, 2022.

A solução é eliminar algumas coisas, principalmente atividades mais elaboradas. O professor e a professora, nessa perspectiva, passam a fazer seu planejamento por cobertura, ou seja, para cobrir o que está faltando no livro. O ruim dessa prática é que a maioria das atividades eliminadas são as mais trabalhosas, as que gastam mais tempo, ou seja, as que necessitam de mais participação. Isso porque fazer um debate exige muito mais tempo do que dar uma aula expositiva. Com isso, as atividades excluídas são justamente as que exigem mais protagonismo e por consequência, que levam a mais compreensão e aprendizado. Temos aí os dois grandes pecados capitais do planejamento.

Figura 11 – Dois pecados capitais

> **Os dois pecados capitais do planejamento:**
> √ Orientado para atividades
> √ Orientado para cobertura

Fonte: elaborado pela autora, 2022.

Temos aqui pistas para definir o conceito de planejamento reverso: Comece pelo fim.

> O assim chamado planejamento reverso é uma estratégia para pensar o planejamento de unidades de ensino com foco nos resultados que se quer alcançar: parte-se do fim, da compreensão final que se espera que os estudantes construam no estudo, em vez dos conteúdos ou atividades de ensino. Inverte a lógica tradicional da prática docente, de primeiro pensar no "O QUE" fazer para depois pensar no "POR QUE" e no "COMO". É uma ferramenta potente para tornar visíveis e coerentes objetivos, metodologias, estratégias de avaliação e planos de aprendizagem. Embora não se defina ou se vincule a uma pedagogia específica, favorece os processos exigidos pelos princípios da educação para o desenvolvimento integral (ANDRADE, COSTA e WEFFORT, 2019; TREMEMBÉ, 2019, p. 269).

6 ETAPAS DO PLANEJAMENTO REVERSO

A proposta do planejamento reverso é de planejar as etapas ou as unidades de ensino e não um planejamento reverso para cada aula, pois é uma ferramenta trabalhosa e que vai eleger as evidências do processo de aprendizagem. Assim, não é possível, muitas vezes, fazê-lo aula a aula. São três as etapas do planejamento reverso, segundo Wiggins e McTighe, conforme figura a seguir.

Figura 12 – Etapas do planejamento reverso

Planejamento Reverso

(Backward Design)

| Definir os resultados que quer alcançar (BNCC/habilidades) | Determinar as evidências de aprendizagem | Planejar as experiências de aprendizagem |

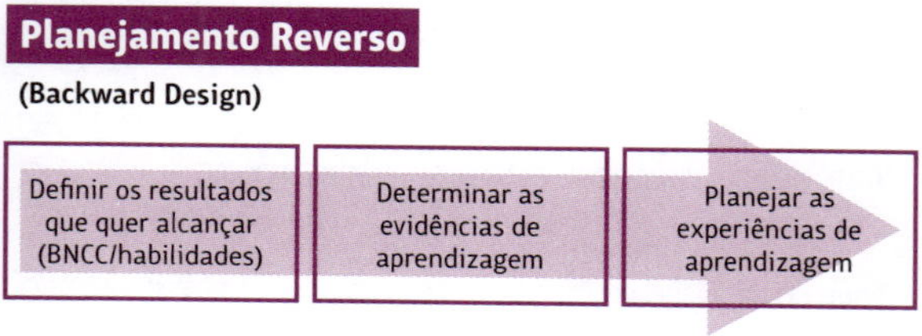

Fonte: Livro "Planejamento para compreensão", de Grant Wiggins e Jay McTighe; Editora Penso; 2ª edição (19 junho 2019)

6.1 Identificando os resultados desejados

Aqui é o momento de você pensar nas intenções educativas e na BNCC. A definição dos resultados é descrita por meio de habilidades. No livro de Wiggins e McTighe (2019), há um exemplo do professor Bob James, do 6º ano, acerca de como ele fez para identificar os resultados que desejava alcançar.

Quadro 3 – Verificando resultados

Revisando nossas orientações curriculares do estado, descobri três padrões de conteúdo sobre nutrição que são referência para essa faixa etária:

- Os alunos compreenderão conceitos essenciais sobre nutrição.

- Os alunos compreenderão os elementos de uma dieta balanceada.

- Os alunos compreenderão seus próprios padrões alimentares e as formas como esses padrões podem ser melhorados.

Fonte: Livro "Planejamento para compreensão", de Grant Wiggins e Jay McTighe; Editora Penso; 2ª edição (19 junho 2019)

Com base nessas investigações, ele definiu as intenções educativas, ou seja, o que esperava que os estudantes aprendessem naquela unidade. A seguir, veja uma tabela adaptada, do livro em questão. Assim, você poderá se organizar para este primeiro estágio do planejamento reverso.

Quadro 4 – 1º estágio

ESTÁGIO 1 – RESULTADOS DESEJADOS

Objetivos estabelecidos: Aqui você será bem específico, listando os objetivos esperados	
Que perguntas essenciais serão consideradas?	Através das perguntas, os alunos compreenderão que...
Que conhecimentos-chave e habilidades os alunos irão adquirir como resultado desta unidade?	
Os alunos saberão que...	Os alunos serão capazes de..

Fonte: adaptado pela autora de Wiggins e McTighe (2019, p. 23).

6.2 Determinando as evidências

É hora de pensarmos em como vamos evidenciar que a aprendizagem ocorreu. O desafio é selecionar estratégias adequadas de avaliação dependendo do objetivo que queremos verificar e quais as evidências aceitáveis. Se meu objetivo é que a turma saiba argumentar, uma prova escrita formal dificilmente me mostrará essa competência em sua completude. Caminhos mais adequados seriam um fórum de discussão *online*, um debate em sala de aula ou uma simulação de Conferência da Organização das Nações Unidas (ONU).

Vale ressaltar que a evidência é, essencialmente, algo concreto que posso mostrar a alguém, como filmar, fotografar, criar portfólios, assim como propor seminários, desenhos e organogramas, redações e construção de soluções. Ainda sobre o exemplo do prof. Bob James, vamos ver como ele fez para determinar as evidências de aprendizagem dos alunos.

Quadro 5 – Evidências de aprendizagem

Como estamos aprendendo sobre nutrição, o diretor do acampamento no centro de educação ao ar livre, pediu que propuséssemos um cardápio nutricionalmente balanceado para o passeio de três dias até o centro no fim do ano. Usando as diretrizes da pirâmide alimentar e as informações nutricionais nos rótulos dos alimentos, faça um planejamento alimentar para três dias, incluindo três refeições e três lanches (pela manhã, à tarde e na hora da fogueira). Seu objetivo: elaborar um cardápio saboroso e nutricionalmente balanceado.

Fonte: Livro "Planejamento para compreensão", de Grant Wiggins e Jay McTighe; Editora Penso; 2ª edição (19 junho 2019)

A seguir, temos um quadro retirado do livro em pauta, para que você possa pensar nas evidências de aprendizagem que irá coletar.

Quadro 6 – 2º estágio

ESTÁGIO 2 – DETERMINAR AS EVIDÊNCIAS
Que evidências mostrarão que os alunos compreenderam/aprenderam Tarefas de desempenho
Que outras evidências precisam ser reunidas á luz dos resultados desejados no estágio 1?
Autoavaliação e reflexão do aluno

Fonte: Wiggins e McTighe (2019, p. 23).

6.3 Planejando as experiências de aprendizagem

Agora é o momento de você planejar quais serão as experiências de aprendizagem que vai propor às e aos alunos, para garantir a aprendizagem e gerar as evidências que planejou. É o momento de pensar em:

- ◇ Quais conteúdos específicos minha turma precisa adquirir...

- ◇ Quais habilidades minha turma precisa desenvolver...

- ◇ Quais metodologias, espaços e recursos preciso utilizar...

Para atingir meu objetivo de aprendizagem?

O professor Bob James definiu quais experiências ele ia proporcionar aos alunos.

Quadro 7 – Experiências proporcionadas

Usar os folhetos do ministério da saúde sobre grupos de alimento, vídeos sobre nutrição, convidar nutricionista para vir a escola, capítulo do livro didático.

Metodologias: instrução, trabalho em grupo, aprendizagem colaborativa, método indutivo e diretivo.

Fonte: Livro "Planejamento para compreensão", de Grant Wiggins e Jay McTighe; Editora Penso; 2ª edição (19 junho 2019)

A seguir, veja o quadro do livro Planejamento para compreensão (2019), para ajudar você a elaborar as experiências de aprendizagem.

Quadro 8 – 3º estágio

ESTÁGIO 3 – PLANEJAR AS EXPERIÊNCIAS
Que sequência de experiências de ensino e aprendizagem equipará os alunos para se engajar, desenvolver e demonstrar as aprendizagens desejadas?
Como o planejamento irá: **O** ajudar o aluno a saber **O**nde a unidade está indo? **P** render a atenção dos alunos **E** quipar os alunos, **E**xperimentar, **E**xplorar questões **R** epensar, **R**ever **A** valiar o próprio trabalho **A** daptar-se ás diferentes necessidades **O** rganizar-se

Fonte: Wiggins e McTighe (2019, p. 24).

7 ORGANIZANDO OS ESPAÇOS DE APRENDIZAGEM

Os espaços falam. Por isso, é necessário:

- ⋄ criar combinados e explicar direitinho o funcionamento;
- ⋄ dar espaço para circulação;
- ⋄ criar diferentes possibilidades de interação;
- ⋄ contemplar múltiplas possibilidades.

Elaboramos um modelo simplificado, inspirado na proposta do livro de Wiggins e McTighe (2019), para ajudar você a começar essa nova proposta de planejamento. À medida que for dominando as etapas, poderá ampliar a forma de planejar, usando todas as etapas detalhadas que eles propõem no livro. A seguir, veja a proposta simplificada.

Quadro 9 – Proposta simplificada

Passos para elaboração		
Passo 1 Resultado desejado	**Passo 2** Evidência de aprendizagem	**Passo 3** Desenho das experiências de aprendizagem

Fonte: adaptado pela autora, 2022, de Wiggins & McTighe (2019)

Segue um modelo preenchido, para que você possa ter uma ideia de preenchimento. Você pode acrescentar outras coisas, objetivos mais amplos e novas experiências; a intenção aqui é mostra um passo inicial para ajudar você a começar.

Quadro 10 – Proposta simplificada preenchida

Passos para elaboração		
Passo 1 Resultado desejado	**Passo 2** Evidência de aprendizagem	**Passo 3** Desenho das experiências de aprendizagem
(EF35LP27) Ler e compreender, com certa autonomia, textos em versos, explorando rimas, sons e jogos de palavras, imagens poéticas e recursos visuais e sonoros. *Acrescentar mais objetivos derivados da habilidade	Parlendas criadas por si mesmo ou duplas.	Pesquisar parlendas do universo de casa; Fazer uma coletânea de parlendas; Declamar, fazer atividades que envolvam as parlendas, como caça palavras, cruzadinhas etc.

Fonte: elaborado pela autora, 2022.

CONCLUSÃO

Planejar é fundamental para o educador e para a educadora. Qualquer docente reconhece o valor do planejamento, mas, muitas vezes, nós o fazemos sem que se torne efetivamente uma ferramenta que ajude a tornar nossas ações intencionais.

Com a homologação da BNCC e sua organização, por meio de competências e habilidades, o desafio de realizar um planejamento efetivo se torna ainda maior. Ao longo dos tempos, a escola se acostumou a planejar com base em atividades ou no material didático escolhido, fazendo a seleção de capítulos a serem trabalhados. Todo o conteúdo é dividido em aulas e, geralmente, colocam-se, no final do processo, as avaliações.

No fundo, nossa expectativa é que, ao final da etapa, os estudantes tenham alcançado os objetivos de aprendizagem propostos (ou as competências e habilidades definidas). Mas fica a pergunta: será que os estudantes verdadeiramente compreenderam aquele tema, tópico ou o assunto das aulas?

A compreensão que queremos que os estudantes tenham é mais do que adquirir uma habilidade ou saber alguma coisa. Por trás da compreensão, está o significado mais profundo e duradouro de algo, um "porque" (razão) que me permite, inclusive, definir o momento de usar ou não aquele conhecimento. O conceito de compreensão nos leva a pensar que tudo o que foi realmente compreendido deverá ser aplicado em outros contextos. Se houve compreensão, eles e elas serão capazes de transpor o que foi aprendido para outras situações.

A compreensão se traduz em "grandes ideias", que é o termo utilizado pelos autores Wiggins e McTighe para descrever "conceitos, temas ou questões que dão significado e conecta fatos específicos e habilidades". Uma maneira de fazer planejamentos significativos e que realmente estejam convergindo para a aprendizagem e compreensão, é envolver os estudantes, perguntar o que estão aprendendo, falar sobre outros contextos em que é possível aplicar aquilo que está sendo estudado etc. Planejar para a compreensão é criar experiências de aprendizagem significativas com base em intenções educativas claras e definição de evidências a serem coletadas.

Novas formas de planejar nos levam a novas metodologias, novos instrumentos de avaliação, novas experiências de aprendizagem! Eu te desejo muito sucesso!

REFERÊNCIAS

ANDRADE, Julia Pinheiro. **Aprendizagens visíveis**: experiências teórico-práticas em sala de aula/organização. 1.ed. São Paulo: Panda Educação, 2021

APARECIDA, Lenise. **Competências e Habilidades**: Você Sabe Lidar com Isso? Disponível em: <http://smeduquedecaxias.rj.gov.br/nead/Biblioteca/Forma%C3%A7%C3%A3o%20Continuada/Artigos%20Diversos/garcia-competencia.pdf>. Acesso em: 25 abr. 2022.

PERRENOUD, Philippe. **As competências para ensinar no século XXI**: a formação dos professores e o desafio da avaliação. Porto Alegre: Artmed, 2002.

WIGGINS, Grant, & MCTIGHE, Jay. **Planejamento para a compreensão**: alinhando currículo, avaliação e ensino por meio do planejamento reverso. 2.ed (ampliada). Porto Alegre: Penso, 2019.

Central de Atendimento
E-mail: atendimento@editoradobrasil.com.br
Telefone: 0300 770 1055

Redes Sociais
facebook.com/editoradobrasil
youtube.com/editoradobrasil
instagram.com/editoradobrasil_oficial
twitter.com/editoradobrasil

Acompanhe também o Podcast Arco43!

Acesse em:

www.editoradobrasil.podbean.com

ou buscando por Arco43 no seu agregador ou player de áudio

Spotify   Google Podcasts   Apple Podcasts

www.editoradobrasil.com.br